São Peregrino Laziosi

Protetor contra o mal do câncer

Tarcila Tommasi, fsp

São Peregrino Laziosi

Protetor contra o mal do câncer

Editora responsável: Andréia Schweitzer
Equipe editorial

1ª edição – 2018
1ª reimpressão – 2021

Paulinas

Rua Dona Inácia Uchoa, 62
04110-020 – São Paulo – SP (Brasil)
Tel.: (11) 2125-3500
http://www.paulinas.com.br – editora@paulinas.com.br
Telemarketing e SAC: 0800-7010081

*"Ao anoitecer, levaram a Jesus muitos possessos.
Ele expulsou os espíritos maus pela palavra
e curou todos os doentes.
Assim se cumpriu o que foi dito
pelo profeta Isaías: 'Ele assumiu as nossas dores
e carregou as nossas enfermidades'."*

(Mt 8,16-17)

*"Convocando seus doze discípulos,
Jesus deu-lhes autoridade para expulsarem
os espíritos impuros e para curarem todo tipo
de doença e enfermidade."*

(Mt 10,1)

Apresentação

O objetivo desta novena é mostrar o modo como se relacionar com Deus para fazer-lhe um pedido ou, ainda, para louvar e agradecer por seus benefícios. Pois tudo é possível àquele que tem fé e entrega seu problema a quem tudo pode.

Na Bíblia, Deus nos indica não só caminhos para enfrentar as dificuldades da vida, como também a quem recorrer em nossas necessidades.

Já na Antiguidade, através dos profetas que eram enviados por Deus para falar em seu nome (Isaías, Jeremias, Oseias etc.), era manifestada a "angústia divina" ao ver que o povo recorria a falsos deuses, à magia, a amuletos etc.: "Queríamos curar este povo", era o desejo de Deus. E noutra ocasião: "Mas não atinaram que eu os curava".

Esta novena quer ser um meio para que você possa fazer seu pedido de cura, com fé e confiança na força do poder de Deus e, sobretudo, na força do seu amor que se manifestou com o envio do seu Filho Jesus Cristo. Ele deu a vida por nós, e não retira de ninguém seu imenso amor.

São Peregrino Laziosi

Biografia

Peregrino Laziosi nasceu em Forlì, na Itália, em 1265, cidade que fica a 350 km de Roma. Seus pais eram pessoas muito estimadas por todos, que cultivavam a vida cristã em família e na sociedade. Durante a adolescência, Peregrino participou dos sacramentos de Iniciação Cristã e frequentou as celebrações litúrgicas.

Em Forlì, a população dividia-se em dois partidos: o partido do imperador, com o nome de gibelinos, e o partido do papa, com os chamados guelfos. Para aplacar o tumulto da cidade, o papa enviou um santo frade de nome Filipe Benício, com a missão de pregar a paz e reconduzir os habitantes à união.

Enquanto o frade pregava ao povo, um grupo de fanáticos, entre os quais o jovem Peregrino, prorrompeu em gritos contra o santo homem; bateram nele e o expulsaram da cidade.

No entanto, mais tarde, Peregrino se arrependeu, foi ao encontro do Frei Filipe e pediu-lhe perdão. A partir desse encontro, ele mudou de vida: visitava as igrejas implorando o auxílio da divina misericórdia. De modo especial, fazia visitas a uma imagem de Maria Santíssima que se venerava na igreja da Santa Cruz, a catedral, suplicando-lhe que o acolhesse em sua proteção e lhe fizesse conhecer o caminho que deveria seguir para sua eterna salvação.

Atendendo ao pedido de Peregrino, a Virgem Maria apareceu-lhe em forma visível, indicando que entrasse na Ordem dos Servos de Maria.

Peregrino, então, deixou a família e dirigiu-se para Sena, cidade onde os servitas tinham o convento. Ali foi bem acolhido e recebeu a formação religiosa. Também recebeu o hábito religioso pela mão do mesmo Frei Filipe Benício, que era então prelado-geral da Ordem.

Como noviço, Peregrino começou uma vida bem austera, com rígida penitência. Praticava o silêncio e a oração. Depois de ordenado sacerdote, foi enviado para Forlì, sua terra natal, também com a missão de abrir lá um novo convento de sua Ordem. Não há notícias desse tempo em que Peregrino viveu em Forlì. Sabe-se que ele sempre se aplicou em cumprir suas funções ministeriais, na pregação da Palavra de Deus, na administração dos sacramentos e na conversão dos pecadores.

Nesse período, Peregrino foi acometido por uma chaga maligna que exalava mau cheiro e lhe causava forte incômodo. Ele suportou com muita paciência esse mal tão doloroso. E a ferida crescia a tal ponto que os médicos decidiram ser necessário cortar sua perna para salvar-lhe a vida.

Confiante em Deus, na noite precedente à amputação da perna, Peregrino dirigiu-se à capela do convento, onde havia uma imagem de Jesus crucificado. Ali, prostrou-se orando...

Foi então apreendido por um sono suave. Jesus crucificado apareceu a ele e, tocando a perna chagada com a mão, sarou-a tão perfeitamente como se nunca tivesse tido lesão alguma.

Na manhã seguinte, chegaram os médicos para fazer a cirurgia. Peregrino mostrou-lhes a perna curada dizendo: "Já não são necessários, porque o médico Onipotente da alma e do corpo se dignou a curar com a maior perfeição a minha perna".

Eles então puderam constatar que a perna estava inteiramente curada, sem o menor sinal da antiga chaga. Assim, nosso Venerável Peregrino chegou à idade de oitenta anos, para entregar-se a Deus em 3 de maio de 1345.

Após a morte

Mesmo após a morte, Peregrino continua a interceder junto a Deus por aqueles que o invocam com fé, em favor de curas de muitas doenças, especialmente dos que sofrem por causa do câncer. O Papa Bento XIII declarou-o santo, e assim passou a ser conhecido e invocado pelo povo. Este mesmo papa deu a São Peregrino o título de "santo protetor contra o mal de câncer", porque o infinito poder de Deus se manifesta também através de seus servos.

O corpo de São Peregrino, até hoje conservado incorrupto, é venerado na Basílica dos Servos de Maria, em Forlì.

PRIMEIRO DIA

Tenho fé, Senhor

Iniciemos com fé este primeiro dia da novena.

Em nome do Pai que nos criou, do Filho que nos salvou, e do Espírito Santo que nos santifica.

Oração inicial

Senhor Jesus, eu creio no vosso amor para com cada pessoa. Por nós destes a vida. Quando passastes na terra, sempre demonstrastes amor e compaixão pelas pessoas carentes de saúde: destes novo olhar para os deficientes das vistas; tocastes nos paralíticos e eles puderam andar; despertastes o coração dos pecadores e eles se converteram a vós.

Tenho fé, Senhor, no poder da vossa misericórdia. Não sois somente o médico dos médicos, mas o "médico onipotente": para vós não existe doente ou doença incurável.

Nesta novena invocamos São Peregrino para que interceda por... *(dizer o nome)*, para que seja livre de todo mal e possa glorificar a Deus, autor da vida. Que possamos buscar forças na oração e alimento na Eucaristia.

(Ao fazer esta novena, podem-se acrescentar outras intenções dirigidas a quem está acometido por diferentes doenças físicas, mentais, espirituais etc.)

Texto bíblico

Testemunhou Pedro à Igreja primitiva: "Jesus de Nazaré foi ungido por Deus com o Espírito Santo e com poder. Por toda parte, ele andou fazendo o bem e curando a todos os que estavam dominados pelo mal, pois Deus estava com ele. E nós somos testemunhas de tudo o que Jesus fez na região dos judeus e em Jerusalém" (At 10,18).

Reflexão

Jesus passou por toda parte fazendo o bem. Hoje ainda há muitas pessoas, entre nós, que fazem o bem. Há pessoas que ajudam os pobres, outras consolam os aflitos, outras acompanham os enfraquecidos e doentes, outras prestam auxílio aos idosos, ajudam quem cai a levantar-se, outras ainda colaboram em obras sociais. Pequenos gestos tornam-se grandes para quem os recebe. Essas pessoas passam entre nós fazendo o bem. Elas imitam a Jesus.

Rezemos

Pai-Nosso, Ave-Maria, Glória.

Jesus, Mestre divino, que sois a Verdade que salva, o único Caminho que leva à Vida e à salvação, desde agora vos agradecemos pela graça que esperamos obter.

Com São Peregrino, invoquemos a Jesus crucificado, no ato supremo de seu amor por nós.

Oração a Jesus crucificado

Alma de Cristo, santificai-me.
Corpo de Cristo, salvai-me.
Sangue de Cristo, inebriai-me.
Água do lado de Cristo, lavai-me.
Paixão de Cristo, confortai-me.
Ó bom Jesus, ouvi-me.
Dentro de vossas chagas, escondei-me.
Não permitais que eu me afaste de vós.
Do espírito maligno, defendei-me.
Na hora da minha morte, chamai-me e
mandai-me ir para vós, para que,
com os vossos santos,
vos louve por todos os séculos dos séculos.
Amém.

Invocação a São Peregrino

Pela intercessão de São Peregrino, pedimos a paz do coração, a saúde da alma e do corpo. Aumentai nossa fé para que possamos voltar curados ao convívio familiar, ao trabalho, e ser testemunhas do poder e da misericórdia divinos.

São Peregrino, intercedei por nós (3x).

SEGUNDO DIA

A luz da alma e do corpo

Com muita fé, iniciemos este segundo dia da novena.

Em nome do Pai que nos criou, do Filho que nos salvou, e do Espírito Santo que nos santifica.

Oração inicial

Senhor Jesus, eu creio no vosso amor para com cada pessoa. Por nós destes a vida. Quando passastes na terra, sempre demonstrastes amor e compaixão pelas pessoas carentes de saúde: destes novo olhar para os deficientes das vistas; tocastes nos paralíticos e eles puderam andar; despertastes o coração dos pecadores e eles se converteram a vós.

Tenho fé, Senhor, no poder da vossa misericórdia. Não sois somente o médico dos médicos, mas o "médico onipotente": para vós não existe doente ou doença incurável.

Nesta novena invocamos São Peregrino para que interceda por... *(dizer o nome)*, para que seja livre de todo mal e possa glorificar a Deus, autor da vida. Que possamos buscar forças na oração e alimento na Eucaristia.

Texto bíblico

Certa ocasião, apresentaram a Jesus um deficiente visual, rogando que ele o tocasse. Tomando o cego pela mão, levou-o para fora do povoado. Jesus impôs as mãos sobre seus olhos; ele começou a enxergar aos poucos. Na segunda imposição das mãos, totalmente curado, o homem começou a ver perfeitamente (cf. Mt 8,22-26).

Reflexão

"Ver claramente" significa conhecer melhor e seguir mais conscientemente os ensinamentos para fazer o bem e seguir a Jesus. A Palavra de Deus, que conhecemos através da Bíblia, merece ser lida e meditada todos os dias.

Dedicar um tempo para aprofundar o que Deus quer de nós é o que São Peregrino fazia a cada dia. Ele também curou os deficientes visuais. Que ele nos obtenha a luz do corpo e da alma.

Rezemos

Pai-Nosso, Ave-Maria, Glória.

Jesus, Mestre divino, que sois a Verdade que salva, o único Caminho que leva à Vida e à salvação, desde agora vos agradecemos pela graça que esperamos obter.

Com São Peregrino, invoquemos a Jesus crucificado, no ato supremo de seu amor por nós.

Oração a Jesus crucificado

Alma de Cristo, santificai-me.
Corpo de Cristo, salvai-me.
Sangue de Cristo, inebriai-me.
Água do lado de Cristo, lavai-me.
Paixão de Cristo, confortai-me.
Ó bom Jesus, ouvi-me.
Dentro de vossas chagas, escondei-me.
Não permitais que eu me afaste de vós.
Do espírito maligno, defendei-me.
Na hora da minha morte, chamai-me e
mandai-me ir para vós,
para que, com os vossos santos,
vos louve por todos os séculos dos séculos.
Amém.

Invocação a São Peregrino

Pela intercessão de São Peregrino, pedimos a paz do coração, a saúde da alma e do corpo. Aumentai nossa fé para que possamos voltar curados ao convívio familiar, ao trabalho, e ser testemunhas do poder e da misericórdia divinos.

São Peregrino, intercedei por nós (3x).

TERCEIRO DIA

Senhor, aumentai minha fé!

Com muita fé, iniciemos este terceiro dia da novena.

Em nome do Pai que nos criou, do Filho que nos salvou, e do Espírito Santo que nos santifica.

Oração inicial

Senhor Jesus, eu creio no vosso amor para com cada pessoa. Por nós destes a vida. Quando passastes na terra, sempre demonstrastes amor e compaixão pelas pessoas carentes de saúde: destes novo olhar para os deficientes das vistas; tocastes nos paralíticos e eles puderam andar; despertastes o coração dos pecadores e eles se converteram a vós.

Tenho fé, Senhor, no poder da vossa misericórdia. Não sois somente o médico dos médicos, mas o "médico onipotente": para vós não existe doente ou doença incurável.

Nesta novena invocamos São Peregrino para que interceda por... *(dizer o nome)*, para que seja livre de todo mal e possa glorificar a Deus, autor da vida. Que possamos buscar forças na oração e alimento na Eucaristia.

Texto bíblico

Jesus e os discípulos estavam num barco, atravessando o lago de Genesaré. De repente, começou a soprar um vento forte e as ondas batiam com tanta força no barco, que ele já ia ficando cheio de água. Jesus estava cansado, e dormia. Os discípulos o acordaram dizendo: "Mestre, salva-nos, senão vamos morrer!".

Jesus se levantou e ordenou ao vento: "Silêncio! Fique quieto". O vento parou. Então Jesus perguntou: "Por que é que vocês são assim medrosos? Vocês não têm fé?" (cf. Mt 8,23-27).

Reflexão

Boa pergunta a de Jesus. Isto acontece também conosco, quando nos deixamos invadir pelo medo. De fato, não encontramos nenhuma garantia em nós nem em quem nos acompanha de que venceremos o mal que nos ameaça. Somente a fé nos dá a certeza da vitória sobre o mal e o perigo.

Rezemos

Pai-Nosso, Ave-Maria, Glória.

Jesus, Mestre divino, que sois a Verdade que salva, o único Caminho que leva à

Vida e à salvação, desde agora vos agradecemos pela graça que esperamos obter.

Com São Peregrino, invoquemos a Jesus crucificado, no ato supremo de seu amor por nós.

Oração a Jesus crucificado

Alma de Cristo, santificai-me.
Corpo de Cristo, salvai-me.
Sangue de Cristo, inebriai-me.
Água do lado de Cristo, lavai-me.
Paixão de Cristo, confortai-me.
Ó bom Jesus, ouvi-me.
Dentro de vossas chagas, escondei-me.
Não permitais que eu me afaste de vós.
Do espírito maligno, defendei-me.
Na hora da minha morte, chamai-me e
mandai-me ir para vós,
para que, com os vossos santos,
vos louve por todos os séculos dos séculos.
Amém.

Invocação a São Peregrino

Pela intercessão de São Peregrino, pedimos a paz do coração, a saúde da alma e do corpo. Aumentai nossa fé para que possamos voltar curados ao convívio familiar, ao trabalho, e ser testemunhas do poder e da misericórdia divinos.

São Peregrino, intercedei por nós (3x).

QUARTO DIA

Peregrino, sacerdote do Senhor

Com muita fé, iniciemos este quarto dia da novena.

Em nome do Pai que nos criou, do Filho que nos salvou, e do Espírito Santo que nos santifica.

Oração inicial

Senhor Jesus, eu creio no vosso amor para com cada pessoa. Por nós destes a vida. Quando passastes na terra, sempre demonstrastes amor e compaixão pelas pessoas carentes de saúde: destes novo olhar para os deficientes das vistas; tocastes nos paralíticos e eles puderam andar; despertastes o coração dos pecadores e eles se converteram a vós.

Tenho fé, Senhor, no poder da vossa misericórdia. Não sois somente o médico dos médicos, mas o "médico onipotente": para vós não existe doente ou doença incurável.

Nesta novena invocamos São Peregrino para que interceda por... *(dizer o nome)*, para que seja livre de todo mal e possa glorificar a Deus, autor da vida. Que possamos buscar forças na oração e alimento na Eucaristia.

Texto bíblico

"Jesus foi para a Galileia proclamando o Evangelho de Deus: o tempo está realizado e o Reino de Deus está próximo. Convertei-vos e crede no Evangelho" (cf. Mt 4,17).

Reflexão

O anúncio é feito a todos, todos somos convidados à conversão.

Dentre os muitos que seguiram a Jesus, houve alguns que receberam um convite mais radical. Esse convite importava em deixar tudo por causa de um projeto que Jesus veio trazer ao mundo: dedicar-se à evangelização, ir em busca dos mais distantes de Deus, colocar-se a serviço dos mais pobres e marginalizados.

Após ter recebido a formação necessária, Peregrino sentiu que esse convite de Jesus era dirigido a ele também. Tornando-se sacerdote, optou por uma vida dedicada à pregação da Palavra de Deus, colocando-se também a serviço dos mais pobres e dos doentes.

Rezemos

Pai-Nosso, Ave-Maria, Glória.

Jesus, Mestre divino, que sois a Verdade que salva, o único Caminho que leva à Vida e à salvação, desde agora vos agradecemos pela graça que esperamos obter.

Com São Peregrino, invoquemos a Jesus crucificado, no ato supremo de seu amor por nós.

Oração a Jesus crucificado

Alma de Cristo, santificai-me.
Corpo de Cristo, salvai-me.
Sangue de Cristo, inebriai-me.
Água do lado de Cristo, lavai-me.
Paixão de Cristo, confortai-me.
Ó bom Jesus, ouvi-me.
Dentro de vossas chagas, escondei-me.
Não permitais que eu me afaste de vós.
Do espírito maligno, defendei-me.
Na hora da minha morte, chamai-me e mandai-me ir para vós,
para que, com os vossos santos,
vos louve por todos os séculos dos séculos.
Amém.

Invocação a São Peregrino

Pela intercessão de São Peregrino, pedimos a paz do coração, a saúde da alma e do corpo. Aumentai nossa fé para que possamos voltar curados ao convívio familiar, ao trabalho, e ser testemunhas do poder e da misericórdia divinos.

São Peregrino, intercedei por nós (3x).

QUINTO DIA

A todos ele curou

Com muita confiança, iniciemos este quinto dia da novena.

Em nome do Pai que nos criou, do Filho que nos salvou, e do Espírito Santo que nos santifica.

Oração inicial

Senhor Jesus, eu creio no vosso amor para com cada pessoa. Por nós destes a vida. Quando passastes na terra, sempre demonstrastes amor e compaixão pelas pessoas carentes de saúde: destes novo olhar para os deficientes das vistas; tocastes nos paralíticos e eles puderam andar; despertastes o coração dos pecadores e eles se converteram a vós.

Tenho fé, Senhor, no poder da vossa misericórdia. Não sois somente o médico dos médicos, mas o "médico onipotente": para vós não existe doente ou doença incurável.

Nesta novena invocamos São Peregrino para que interceda por... *(dizer o nome)*, para que seja livre de todo mal e possa glorificar a Deus, autor da vida. Que possamos buscar forças na oração e alimento na Eucaristia.

Texto bíblico

Muitas pessoas, com várias doenças, iam em busca de quem as pudesse ajudar. Não se acomodavam esperando que Jesus passasse por suas casas (cf. Mt 15,30-31).

Reflexão

Ir à procura, interessar-se em buscar a saúde. Esta é a atitude que tem por recompensa o encontro desejado com aquele que pode curar todo tipo de males. Assim agiu Maria Madalena, Zaqueu, a mulher que sofria perdas de sangue há doze anos, um militar romano e muitos outros.

Foi o próprio Jesus quem nos mandou pedir, quando disse: "Pedi e vos será dado. Procurai e encontrareis" (Mt 7,7).

Rezemos

Pai-Nosso, Ave-Maria, Glória.

Jesus, Mestre divino, que sois a Verdade que salva, o único Caminho que leva à Vida e à salvação, desde agora vos agradecemos pela graça que esperamos obter.

Com São Peregrino, invoquemos a Jesus crucificado, no ato supremo de seu amor por nós.

Oração a Jesus crucificado

Alma de Cristo, santificai-me.
Corpo de Cristo, salvai-me.

Sangue de Cristo, inebriai-me.
Água do lado de Cristo, lavai-me.
Paixão de Cristo, confortai-me.
Ó bom Jesus, ouvi-me.
Dentro de vossas chagas, escondei-me.
Não permitais que eu me afaste de vós.
Do espírito maligno, defendei-me.
Na hora da minha morte, chamai-me e
mandai-me ir para vós,
para que, com os vossos santos,
vos louve por todos os séculos dos séculos.
Amém.

Invocação a São Peregrino

Pela intercessão de São Peregrino, pedimos a paz do coração, a saúde da alma e do corpo. Aumentai nossa fé para que possamos voltar curados ao convívio familiar, ao trabalho, e ser testemunhas do poder e da misericórdia divinos.

São Peregrino, intercedei por nós (3x).

SEXTO DIA

Até os pagãos têm fé

Com muita confiança, iniciemos este sexto dia da novena.

Em nome do Pai que nos criou, do Filho que nos salvou, e do Espírito Santo que nos santifica.

Oração inicial

Senhor Jesus, eu creio no vosso amor para com cada pessoa. Por nós destes a vida. Quando passastes na terra, sempre demonstrastes amor e compaixão pelas pessoas carentes de saúde: destes novo olhar para os deficientes das vistas; tocastes nos paralíticos e eles puderam andar; despertastes o coração dos pecadores e eles se converteram a vós.

Tenho fé, Senhor, no poder da vossa misericórdia. Não sois somente o médico dos médicos, mas o "médico onipotente": para vós não existe doente ou doença incurável.

Nesta novena invocamos São Peregrino para que interceda por... *(dizer o nome)*, para que seja livre de todo mal e possa glorificar a Deus, autor da vida. Que possamos buscar forças na oração e alimento na Eucaristia.

Texto bíblico

Estava Jesus em Cafarnaum, quando se aproximou dele um militar romano que era chefe de cem soldados, e por isso era chamado "centurião". Ele tinha um servo a quem estimava muito, e que estava prestes para morrer.

O centurião ouviu falar de Jesus, e foi ao seu encontro para pedir-lhe que curasse seu empregado. Disse: "Senhor, meu empregado está na minha casa, muito doente, não pode se mexer na cama".

"Eu vou lá curá-lo", disse Jesus. O oficial romano respondeu: "Não, Senhor! Eu não mereço que entre em minha casa. Dê somente uma ordem, e meu empregado ficará bom". Ao ouvir isto Jesus ficou admirado e disse: "Nunca vi tanta fé, nem mesmo entre o povo de Israel". Depois acrescentou, dizendo ao centurião: "Vá para casa, pois será feito como você crê". E naquele momento o empregado do militar romano ficou curado (cf. Mt 8,5-13).

Reflexão

Jesus realiza o milagre em favor de um pagão, porque o que nos salva é a fé que reconhece em Jesus o verdadeiro Deus. Ele não faz distinção de raça, nem de ideologia ou tradição religiosa. Ele reconheceu a fé do centurião e o amor ao próximo, isto é, o cuidado com o empregado que estava doente.

Rezemos

Pai-Nosso, Ave-Maria, Glória.

Jesus, Mestre divino, que sois a Verdade que salva, o único Caminho que leva à Vida e à salvação, desde agora vos agradecemos pela graça que esperamos obter.

Com São Peregrino, invoquemos a Jesus crucificado, no ato supremo de seu amor por nós.

Oração a Jesus crucificado

Alma de Cristo, santificai-me.
Corpo de Cristo, salvai-me.
Sangue de Cristo, inebriai-me.
Água do lado de Cristo, lavai-me.
Paixão de Cristo, confortai-me.
Ó bom Jesus, ouvi-me.
Dentro de vossas chagas, escondei-me.

Não permitais que eu me afaste de vós.
Do espírito maligno, defendei-me.
Na hora da minha morte, chamai-me e
mandai-me ir para vós,
para que, com os vossos santos,
vos louve por todos os séculos dos séculos.
Amém.

Invocação a São Peregrino

Pela intercessão de São Peregrino, pedimos a paz do coração, a saúde da alma e do corpo. Aumentai nossa fé para que possamos voltar curados ao convívio familiar, ao trabalho, e ser testemunhas do poder e da misericórdia divinos.

São Peregrino, intercedei por nós (3x).

SÉTIMO DIA

"Vinde a mim todos..."

Com muita confiança, iniciemos este sétimo dia da novena.

Em nome do Pai que nos criou, do Filho que nos salvou, e do Espírito Santo que nos santifica.

Oração inicial

Senhor Jesus, eu creio no vosso amor para com cada pessoa. Por nós destes a vida. Quando passastes na terra, sempre demonstrastes amor e compaixão pelas pessoas carentes de saúde: destes novo olhar para os deficientes das vistas; tocastes nos paralíticos e eles puderam andar; despertastes o coração dos pecadores e eles se converteram a vós.

Tenho fé, Senhor, no poder da vossa misericórdia. Não sois somente o médico dos médicos, mas o "médico onipotente": para vós não existe doente ou doença incurável.

Nesta novena invocamos São Peregrino para que interceda por... *(dizer o nome)*, para que seja livre de todo mal e possa glorificar a Deus, autor da vida. Que possamos buscar forças na oração e alimento na Eucaristia.

Texto bíblico

Andava Jesus por toda a Galileia anunciando o Evangelho e curando os doentes. Um leproso chegou perto dele, ajoelhou-se e disse: "Senhor, se queres, tens o poder de purificar-me". Jesus ficou com muita pena dele, tocou-o e disse: "Sim, eu quero. Sejas purificado". No mesmo instante a lepra desapareceu (Mt 8,1-3).

Reflexão

Naquele tempo a lepra não tinha cura, através de recursos humanos. Jesus, sem se preocupar com as prescrições da lei mosaica, segundo as quais o contato com um leproso tornava a pessoa impura, tocou com a mão o leproso, purificou-o e mandou-o ao sacerdote para receber o atestado de validade da cura ocorrida.

Jesus curou o leproso, realizando o que disse: "Vinde a mim todos os que estais cansados sob o peso de vosso fardo, e eu vos darei descanso". Jesus tocou o leproso com a mão, como se tomasse sobre si os sofrimentos dele.

Rezemos

Pai-Nosso, Ave-Maria, Glória.

Jesus, Mestre divino, que sois a Verdade que salva, o único Caminho que leva à

Vida e à salvação, desde agora vos agradecemos pela graça que esperamos obter.

Com São Peregrino, invoquemos a Jesus crucificado, no ato supremo de seu amor por nós.

Oração a Jesus crucificado

Alma de Cristo, santificai-me.
Corpo de Cristo, salvai-me.
Sangue de Cristo, inebriai-me.
Água do lado de Cristo, lavai-me.
Paixão de Cristo, confortai-me.
Ó bom Jesus, ouvi-me.
Dentro de vossas chagas, escondei-me.
Não permitais que eu me afaste de vós.
Do espírito maligno, defendei-me.
Na hora da minha morte, chamai-me e mandai-me ir para vós,
para que, com os vossos santos,
vos louve por todos os séculos dos séculos.
Amém.

Invocação a São Peregrino

Pela intercessão de São Peregrino, pedimos a paz do coração, a saúde da alma e do corpo. Aumentai nossa fé para que possamos voltar curados ao convívio familiar, ao trabalho, e ser testemunhas do poder e da misericórdia divinos.

São Peregrino, intercedei por nós (3x).

OITAVO DIA

A cura total

Com muita confiança, iniciemos o oitavo dia da novena.

Em nome do Pai que nos criou, do Filho que nos salvou, e do Espírito Santo que nos santifica.

Oração inicial

Senhor Jesus, eu creio no vosso amor para com cada pessoa. Por nós destes a vida. Quando passastes na terra, sempre demonstrastes amor e compaixão pelas pessoas carentes de saúde: destes novo olhar para os deficientes das vistas; tocastes nos paralíticos, e eles puderam andar; despertastes o coração dos pecadores, e eles se converteram a vós.

Tenho fé, Senhor, no poder da vossa misericórdia. Não sois somente o médico dos médicos, mas o "médico onipotente": para vós não existe doente ou doença incurável.

Nesta novena invocamos São Peregrino para que interceda por... *(dizer o nome)*, para que seja livre de todo mal e possa glorificar a Deus, autor da vida. Que possamos buscar forças na oração e alimento na Eucaristia.

Texto bíblico

Jesus ia para Jericó. Morava ali um homem rico, chamado Zaqueu, chefe dos cobradores de impostos. Ele desejava ver Jesus, mas, por causa da multidão e sendo ele de baixa estatura, correu adiante e subiu numa árvore para ver Jesus que devia passar por ali.

Quando Jesus chegou àquele lugar, olhou para cima e disse: "Zaqueu, desce depressa, pois hoje preciso ficar na tua casa". Zaqueu desceu depressa e o recebeu na sua casa, com muita alegria.

Alguns murmuravam dizendo: "Este homem foi se hospedar na casa de um pecador!". Zaqueu se levantou e disse ao Senhor: "Escute, Senhor, eu vou dar a metade dos meus bens aos pobres. E se roubei de alguém, vou devolver quatro vezes mais". Então Jesus disse: "Hoje a salvação entrou nesta casa, pois este homem também é descendente de Abraão. Porque o Filho do Homem veio buscar e salvar quem estava perdido" (cf. Lc 19,1-10). A conversão levou à devolução do que foi roubado: isto é cura total.

Reflexão

Levado pela curiosidade, Zaqueu dirigiu-se ao caminho por onde Jesus iria passar e subiu numa árvore. Ao se aproximar, Jesus olhou para cima, encontrando não somente o olhar de Zaqueu, mas também seu coração.

Ali, Jesus encontrou espaço para a disponibilidade e se convidou para ir à casa dele. Entrar na casa, entrar na família, é na verdade um convite para o acolhimento, para a mudança de vida. A conversão levou Zaqueu a devolver o que fora roubado, ou seja, significou a cura para ele e sua família.

Rezemos

Pai-Nosso, Ave-Maria, Glória.

Jesus, Mestre divino, que sois a Verdade que salva, o único Caminho que leva à Vida e à salvação, desde agora vos agradecemos pela graça que esperamos obter.

Com São Peregrino, invoquemos a Jesus crucificado, no ato supremo de seu amor por nós.

Oração a Jesus crucificado

Alma de Cristo, santificai-me.
Corpo de Cristo, salvai-me.
Sangue de Cristo, inebriai-me.
Água do lado de Cristo, lavai-me.
Paixão de Cristo, confortai-me.
Ó bom Jesus, ouvi-me.
Dentro de vossas chagas, escondei-me.
Não permitais que eu me afaste de vós.
Do espírito maligno, defendei-me.
Na hora da minha morte, chamai-me e mandai-me ir para vós,
para que, com os vossos santos,
vos louve por todos os séculos dos séculos.
Amém.

Invocação a São Peregrino

Pela intercessão de São Peregrino, pedimos a paz do coração, a saúde da alma e do corpo. Aumentai nossa fé para que possamos voltar curados ao convívio familiar, ao trabalho, e ser testemunhas do poder e da misericórdia divinos.

São Peregrino, intercedei por nós (3x).

NONO DIA

A família de Jesus

Com muita confiança, iniciemos o nono dia da novena.

Em nome do Pai que nos criou, do Filho que nos salvou, e do Espírito Santo que nos santifica.

Oração inicial

Senhor Jesus, eu creio no vosso amor para com cada pessoa. Por nós destes a vida. Quando passastes na terra, sempre demonstrastes amor e compaixão pelas pessoas carentes de saúde: destes novo olhar para os deficientes das vistas; tocastes nos paralíticos e eles puderam andar; despertastes o coração dos pecadores e eles se converteram a vós.

Tenho fé, Senhor, no poder da vossa misericórdia. Não sois somente o médico dos médicos, mas o "médico onipotente": para vós não existe doente ou doença incurável.

Nesta novena invocamos São Peregrino para que interceda por... *(dizer o nome)*, para que seja livre de todo mal e possa glorificar a Deus, autor da vida. Que possamos buscar forças na oração e alimento na Eucaristia.

Texto bíblico

"Minha mãe e meus irmãos são aqueles que ouvem a Palavra de Deus e a põem em prática" (cf. Lc 8,19-21).

Reflexão

Por onde Jesus ia, as multidões se aglomeravam, de modo que chegando sua mãe e seus irmãos para falar com ele, não puderam aproximar-se. Na verdade, eram "pessoas" que queriam dissuadir Jesus a deixar a "pregação". Mas o Mestre não se deixou enganar, ele é a verdade, e aproveitou a ocasião para revelar quem eram seus verdadeiros parentes.

Rezemos

Pai-Nosso, Ave-Maria, Glória.

Jesus, Mestre divino, que sois a Verdade que salva, o único Caminho que leva à Vida e à salvação, desde agora vos agradecemos pela graça que esperamos obter.

Com São Peregrino, invoquemos a Jesus crucificado, no ato supremo de seu amor por nós.

Oração a Jesus crucificado

Alma de Cristo, santificai-me.
Corpo de Cristo, salvai-me.
Sangue de Cristo, inebriai-me.

Água do lado de Cristo, lavai-me.
Paixão de Cristo, confortai-me.
Ó bom Jesus, ouvi-me.
Dentro de vossas chagas, escondei-me.
Não permitais que eu me afaste de vós.
Do espírito maligno, defendei-me.
Na hora da minha morte, chamai-me e
mandai-me ir para vós,
para que, com os vossos santos,
vos louve por todos os séculos dos séculos.
Amém.

Invocação a São Peregrino

Pela intercessão de São Peregrino, pedimos a paz do coração, a saúde da alma e do corpo. Aumentai nossa fé para que possamos voltar curados ao convívio familiar, ao trabalho, e ser testemunhas do poder e da misericórdia divinos.

São Peregrino, intercedei por nós (3x).

Oração conclusiva da novena

Ó Deus de misericórdia, que destes a São Peregrino a companhia de um anjo, Nossa Senhora como guia e mestra, e Jesus como médico na sua enfermidade, nós vos suplicamos que, por sua intercessão e por sua vida de amor e dedicação aos pobres e doentes, curai os doentes que lutam contra o mal do câncer. De modo especial, pedimos a cura de... (*dizer o nome da pessoa*).

Que as curas que Jesus realizou durante sua vida terrena e que meditamos nos nove dias desta novena, aumente nossa fé e nos ajude a não deixar que os pensamentos negativos nos dominem. Esta doença não significa o fim; mas a oração e a fé em quem nos pode ajudar têm grande valor nesta hora.

Senhor, abençoai a todos e livrai-nos de todo mal. Que a vossa graça nos ajude a mudar de vida, no caminho da fé, como aconteceu com São Peregrino. Amém.

Coleção Nossas Devoções

- *Os Anjos de Deus: novena* – Francisco Catão
- *Dulce dos Pobres: novena e biografia* – Marina Mendonça
- *Francisco de Paula Victor: história e novena* – Aparecida Matilde Alves
- *Frei Galvão: novena e história* – Pe. Paulo Saraiva
- *Imaculada Conceição* – Francisco Catão
- *Jesus, Senhor da vida: dezoito orações de cura* – Francisco Catão
- *João Paulo II: novena, história e orações* – Aparecida Matilde Alves
- *João XXIII: biografia e novena* – Marina Mendonça
- *Maria, Mãe de Jesus e Mãe da Humanidade: novena e coroação de Nossa Senhora* – Aparecida Matilde Alves
- *Menino Jesus de Praga: história e novena* – Giovanni Marques Santos
- *Nhá Chica: Bem-aventurada Francisca de Paula de Jesus* – Aparecida Matilde Alves
- *Nossa Senhora Achiropita: novena e biografia* – Antonio Sagrado Bogaz e Rodinei Carlos Thomazella
- *Nossa Senhora Aparecida: história e novena* – Maria Belém
- *Nossa Senhora da Cabeça: história e novena* – Mario Basacchi
- *Nossa Senhora da Luz: novena e história* – Maria Belém
- *Nossa Senhora da Penha: novena e história* – Maria Belém
- *Nossa Senhora da Salete: história e novena* – Aparecida Matilde Alves
- *Nossa Senhora das Graças ou Medalha Milagrosa: novena e origem da devoção* – Mario Basacchi
- *Nossa Senhora de Caravaggio: história e novena* – Leomar A. Brustolin e Volmir Comparin
- *Nossa Senhora de Fátima: novena* – Tarcila Tommasi
- *Nossa Senhora de Guadalupe: novena e história das aparições a São Juan Diego* – Maria Belém
- *Nossa Senhora de Nazaré: novena e história* – Maria Belém
- *Nossa Senhora Desatadora dos Nós: história e novena* – Frei Zeca
- *Nossa Senhora do Bom Parto: novena e reflexões bíblicas* – Mario Basacchi

- *Nossa Senhora do Carmo: novena e história* – Maria Belém
- *Nossa Senhora do Desterro: história e novena* – Celina Helena Weschenfelder
- *Nossa Senhora do Perpétuo Socorro: história e novena* – Mario Basacchi
- *Nossa Senhora Rainha da Paz: história e novena* – Celina Helena Weschenfelder
- *Novena à Divina Misericórdia* – Tarcila Tommasi
- *Novena das Rosas: história e novena de Santa Teresinha do Menino Jesus* – Aparecida Matilde Alves
- *Novena em honra ao Senhor Bom Jesus* – José Ricardo Zonta
- *Ofício da Imaculada Conceição: orações, hinos e reflexões* – Cristóvão Dworak
- *Orações do cristão: preces diárias* – Celina Helena Weschenfelder
- *Padre Pio: novena e história* – Maria Belém
- *Paulo, homem de Deus: novena de São Paulo Apóstolo* – Francisco Catão
- *Reunidos pela força do Espírito Santo: novena de Pentecostes* – Tarcila Tommasi
- *Rosário dos enfermos* – Aparecida Matilde Alves
- *Rosário por uma transformação espiritual e psicológica* – Gustavo E. Jamut
- *Sagrada Face: história, novena e devocionário* – Giovanni Marques Santos
- *Sagrada Família: novena* – Pe. Paulo Saraiva
- *Sant'Ana: novena e história* – Maria Belém
- *Santa Cecília: novena e história* – Frei Zeca
- *Santa Edwiges: novena e biografia* – J. Alves
- *Santa Filomena: história e novena* – Mario Basacchi
- *Santa Gemma Galgani: história e novena* – José Ricardo Zonta
- *Santa Joana d'Arc: novena e biografia* – Francisco de Castro
- *Santa Luzia: novena e biografia* – J. Alves
- *Santa Maria Goretti: história e novena* – José Ricardo Zonta
- *Santa Paulina: novena e biografia* – J. Alves
- *Santa Rita de Cássia: novena e biografia* – J. Alves

- *Santa Teresa de Calcutá: biografia e novena* – Celina Helena Weschenfelder
- *Santa Teresinha do Menino: novena e biografia* – Jesus Mario Basacchi
- *Santo Afonso de Ligório: novena e biografia* – Mario Basacchi
- *Santo Antônio: novena, trezena e responsório* – Mario Basacchi
- *Santo Expedito: novena e dados biográficos* – Francisco Catão
- *Santo Onofre: história e novena* – Tarcila Tommasi
- *São Benedito: novena e biografia* – J. Alves
- *São Bento: história e novena* – Francisco Catão
- *São Brás: história e novena* – Celina Helena Weschenfelder
- *São Cosme e São Damião: biografia e novena* – Mario Basacchi
- *São Cristóvão: história e novena* – Mário José Neto
- *São Francisco de Assis: novena e biografia* – Mario Basacchi
- *São Francisco Xavier: novena e biografia* – Gabriel Guarnieri
- *São Geraldo Majela: novena e biografia* – J. Alves
- *São Guido Maria Conforti: novena e biografia* – Gabriel Guarnieri
- *São José: história e novena* – Aparecida Matilde Alves
- *São Judas Tadeu: história e novena* – Maria Belém
- *São Marcelino Champagnat: novena e biografia* – Ir. Egídio Luiz Setti
- *São Miguel Arcanjo: novena* – Francisco Catão
- *São Pedro, Apóstolo: novena e biografia* – Maria Belém
- *São Peregrino Laziosi: protetor contra o mal do câncer* – Tarcila Tommasi
- *São Roque: novena e biografia* – Roseane Gomes Barbosa
- *São Sebastião: novena e biografia* – Mario Basacchi
- *São Tarcísio: novena e biografia* – Frei Zeca
- *São Vito, mártir: história e novena* – Mario Basacchi
- *A Senhora da Piedade: setenário das dores de Maria* – Aparecida Matilde Alves
- *Tiago Alberione: novena e biografia* – Maria Belém

Rua Dona Inácia Uchoa, 62
04110-020 – São Paulo – SP (Brasil)
Tel.: (11) 2125-3500
http://www.paulinas.com.br – editora@paulinas.com.br
Telemarketing e SAC: 0800-7010081